ERIA
VENDRÁ LA VIDA

ERIA
VENDRÁ LA VIDA

DAVID MARTÍNEZ DE ANTÓN

Valparaíso
EDICIONES

Número 558 de la Colección VALPARAÍSO DE POESÍA
dirigida por FEDERICO DÍAZ-GRANADOS

Diseño de colección y portada: Chari Nogales
Maquetación: Carlos Henson

Primera edición: marzo 2026

© De los poemas: David Martínez de Antón

© Valparaíso Ediciones
C/ Fray Leopoldo, 7 bajo, 18014 Granada
www.valparaisoediciones.es

ISBN: 979-13-88007-42-2
Depósito Legal: GR 239-2026

Impreso en España - *Printed in Spain*
Gráficas Gami

ERIA
VENDRÁ LA VIDA

A Irene, Ángel y Sara.

Cuentan que Ulises, harto de prodigios,
lloró de amor al divisar su Itaca
verde y humilde. El arte es esa Ítaca
de verde eternidad, no de prodigios.
JORGE LUIS BORGES, *ARTE POÉTICA*

Itaca te brindó tan hermoso viaje.
Sin ella no habrías emprendido el camino.
Pero no tiene ya nada que darte.

Aunque la halles pobre, Itaca no te ha engañado.
Así, sabio como te has vuelto, con tanta experiencia,
entenderás ya qué significan las Itacas.
KONSTANTIN KAVAFIS, *ITACA*

UN POEMA

¿Cómo pasan al poema las cosas que suceden?
¿Qué ocurre
después de la poesía
en el pino, en el huerto o en las rosas?
ANTONIO CABRERA

Hay un único poema
que escribo constantemente:
el amor por la pérdida,
la nostalgia en el tiempo,
la vida, la muerte, el goce
de un momento irrepetible.
Parecen siempre los mismos motivos.
Sin embargo, hay diferencias,
matices aquí, allá, pequeños descubrimientos.

Uno escribe también
para creer en algunas mentiras.

Incluso la de ser indiferente.

DAME LA MANO

Give me your hand

Make room for me
to lead and follow
you
beyond this rage of poetry.

Let others have
the privacy of
touching words
and love of loss
of love.

For me
Give me your hand
M. ANGELOU, *«A CONCEIT»*

A mí dame la mano.

Hablemos de un lugar
en el que pueda encontrarte, seguirte,
más allá de las palabras y la poesía.

A mí, dame la mano,
tu canción entre canciones.

VENDRÁ LA VIDA

And then is heard no more. It is a tale
told by an idiot, full of sound and fury,
signifying nothing.
W. SHAKESPEARE. *MACBETH*

Luego vendrá la vida,
con sus necesidades
o exigencias, con su modo
de cambiarlo todo, ya
sabes: lo que pasa mientras
vas haciendo otros planes.
Entonces, los de hoy,
ya no seremos los mismos,
como esas sombras que acechan
en las esquinas de las tardes aburridas,
quizás recuerdos de días felices.
Me pregunto qué miradas
dejamos atrás, encadenadas al pasado.
Acaso unas palabras sueltas hagan
sonar algún eco, alguna memoria
que despierte una sonrisa.
A lo peor… Ni eso. Porque
muchas veces no somos memorables.
Y el azar, haciendo sus propios planes,
nos arroja al agua, como
un niño que quiere ver hasta dónde
llega, en la presa, un barco de juguete.

EL CALOR

Escribo
en defensa del reino
del hombre y su justicia. Pido
la paz
y la palabra.
BLAS DE OTERO

Vuelve el calor con sus hábitos claros,
su resplandor, su fuego,
sus asfaltos humeantes
y la sequedad del aire.

Otro verano que se hace presente.

Llegan los días largos,
pausados, de la calma
y la tormenta, de las tardes largas,
los días de noches inhabitables,
en los que el viento trae
palabras y más palabras.
Y viene el silencio frío
de la alborada, la niebla,
el despertar de la vida
a una hora más fresca.

Es momento de pedir la paz y la palabra.

DIME QUIÉN ERES

Dilo, dime quién eres.
Elimina el trabajo,
tus sueños, los disgustos,
las esperanzas huecas,
los deseos, tus derrotas.
Olvida todo lo que has aprendido.
No cuentes lo que tienes,
lo que no tienes ni lo que te falta.
Y después… si queda algo todavía,
obviando las victorias,
los días grises y las certidumbres,
después, cuando quede algo todavía,
habla, dime, cuéntame quién eres,
qué quieres de la vida.

EN OTOÑO

Tengo frío bajo un arco que separa la existencia y la luz,
que separa cuanto he olvidado
y la última luz.
ANTONIO GAMONEDA, *ARDEN LAS PÉRDIDAS.*

Y en otoño, pisaré las hojas de los árboles,
pensando en ti.
El tiempo no mudará su hastío
ingobernable, y envejeceremos
los que te conocimos.
Llegará el día en que habrá que partir,
ligeros de equipaje,
ya dijo Machado, como los hijos del mar.
Quedarán unas alegrías hondas,
algunas palabras esparcidas,
gestos, gestos y expresiones,
abrazos, vacíos, huecos,
silencios y recuerdos.
Quedarán las sonrisas de unos niños
que nunca te conocieron.
Y al tiempo, nos iremos.
Quedarán, con Juan Ramón, los pájaros cantando,
las verdes alamedas,
el madroño, los acebos,
los robles verdeando en primavera,
el huerto blanco, la higuera,
el fulgor del mediodía,
los surcos erizados,
el agua, el viento, la tierra.

TÉCNICAS PARA UNA DESPEDIDA

Siempre suena mejor *hasta mañana*
que decir *adiós*, como
promesa inaplazable de saludo
o como bienvenida,
aunque sea una palabra
desplazada en el tiempo.
Adiós es siempre adiós:
para siempre, para nunca,
para no verse más
o para cuando no sepamos reconocernos.
Sin embargo… ¡Hasta mañana!
Qué nostalgia de futuro,
qué sorpresa de la vida
traerá un encuentro, sin extrañeza.
Qué alegría sin medida
saludarse, ver que todo está bien,
como siempre, como esperanza vana
y vana ilusión, como hasta mañana.
Y mañana todo empieza, de nuevo,
sin decir adiós.

EL PROFESOR

El profesor, la montura de oro
analizando al viento aquellos fabulosos
siglos oscuros; la corbata verde,
la historia del triforio.
Se levanta y flamea.
Que se descorran las cortinas, que se inunden las calle
en este julio sudoroso
de las grandes palabras.
AGUSTÍN DELGADO, *OH, EL PASADO.*

El pobre profesor
vuelve otra vez a los viejos temas de siempre.
Y no se oye nada. No se adivina
ninguna noticia, ninguna guerra
perturba la paz frágil de la escuela.
A lo lejos, en cambio,
las clases se vacían
y suenan disparos y estallan bombas,
y los hospitales se hacen escombros,
los cuerpos anidan en las aceras,
quedan inservibles los anteojos,
las camisas, las carteras
y la tierra se sacude como un animal salvaje mal domesticado.
Explota el cielo en luces de colores
que serían hermosas
si no fuera porque traen la muerte,
el llanto, el silencio oscuro.

Y el viejo profesor
mira por la ventana
y algo adivina al fondo.
Una pregunta cualquiera
le devuelve a la realidad del abismo,
la leve penumbra de la mañana.

EL CINE

También yo he visto naves más allá de Orión,
y un cielo infinito pleno de estrellas,
hermoso como solo puede ser lo desconocido.
He perseguido a los malos
y huido con los buenos
a través del espacio, del desierto.
He soñado en lenguas desconocidas,
viajado al corazón de las tinieblas
para regresar hecho otro y a la vez, el mismo:
la misma historia del que retornó
a casa para solo ser reconocido por su perro;
incluso Ulises sabe que veinte años no es nada.
Me he emocionado con la marsellesa en Casablanca,
cuando todo el mundo canta
para ahogar una canción de odio.
Y en el final de las vidas soñadas por otros,
hay cierta oscuridad, una latencia

que perdura un tiempo, un eco
que sacude los cimientos de lo que estamos hechos:
la misma materia que da forma a los sueños.

ARBEIT MACHT FREI

El trabajo os hará libres, decían, o más bien:
Arbeit macht frei.
Esto figuraba en letras forjadas
sobre la puerta de Auschwitz.

Es curioso que en estos tiempos
de filosofía barata y autoayuda
(no se ayuda como antes: con las manos,
con el cuerpo, con el alma)
el mismo lema sirva como oración estimulante,
como sendero sobre el que conquistar una libertad
que se traslada invariablemente hacia lo lejos.

Deberíamos colgar letreros
en los lugares de trabajo
en los que leer:
Lasciate ogni speranza, voi ch'entrate
y sería más lógico, acertado,
concebir el trabajo como el infierno de Dante,
un espacio del que escapar en cuanto sea posible.

Las esperanzas quedan en el quicio de la puerta del trabajo,
sobre la pantalla del ordenador,
en el auricular del teléfono inservible.

La esperanza aguarda afuera,
en las pequeñas victorias de la vida:
caballitos de madera, diría Machado,
alegrías infantiles
que valen una moneda de cobre.

THIS IS THE END

Uno siempre imagina el fin
como un gran espectáculo de llamas:
explosiones, ruido, sangre en las calles,
sabor a gasolina y fuegos artificiales en el aire.
Arderán los cielos y no
quedará piedra sobre piedra.
Si el final es imprevisible no hay
segundos preciados antes de un terremoto
o un tsunami. No tiembla la tierra
ni caen árboles centenarios.
Todo sigue como de costumbre:
el presente que se perpetúa
para parecer eterno.
No hay nada que parezca señalar el fin
y sin embargo ahí está: latente,
alimentándose, creciendo.
Escondido tras un velo de seguridades
y vagas confianzas,
de conciencias ociosas
y despreocupadas.
El peligro no tiene nombre ni forma,
no deja rastro pero está al acecho:
uno siempre imagina las cosas
para que sucedan de otro modo.

TENTATIVA EN LA TARDE

Ni la palabra ni el silencio. Nada pudo servirme para que tú vivieras.
JOSÉ ÁNGEL VALENTE, *NO AMANECE EL CANTOR*

Es solo una camisa colgada
en la percha, triste y sola.
Conserva todavía
un olor característico a fruta
madura, hojas otoñales.
Es solo una camisa vencida
en un armario vacío:
la última en despedirse,
nunca caminará sola.

En la calle pasan coches,
el día es interminable.
Las horas pasan con melancolía
nostálgica de un futuro esfumado.

Llueve. ¿Por qué siempre llueve en las tardes
grises, tardes perla, tardes de la añoranza?
¿Por qué el agua detiene el tiempo cuando
lame los cristales, mancha las calles
con el hollín del cielo?

Hay una ausencia en la camisa
que el aire no alcanza:
falta carne, falta hueso;
la vida entera.

Hay un agujero de los días felices
y pliegues olvidados,
hay arrugas y un botón suelto
y un olor característico a fruta
madura, hojas otoñales.
En los días como estos
me siento entre tus brazos:
una persona vencida
y triste y sola.

QUASI LA STESSA COSA

Aquello que silencias
no debes imputárselo al olvido
sino a la desmemoria.
ÁLVARO VALVERDE, *MÁS ALLÁ, TÁNGER*

Diré *quasi la stessa cosa*
o no diré nada
porque para decir casi lo mismo
es mejor callar mil veces.

LA CONJURA DE LOS NECIOS

Todo lo saben, todo
está a su alcance. No dudan
y no expresan sorpresa
ante lo inasible. Pero pululan
en torno a certezas bien aprendidas,
verdades históricas,
épicas, circunstanciales,
coyunturales, nada
puede escapar a su juicio de altura.

Pero, ¡ay! ¡Atreverse a llevarles la contraria!
¡O lanzar una pregunta al azar!
¡Sembrar la duda, crear disensión!
¡No manifestar bastante adhesión!
Entonces... Estarás perdido, amigo.
Porque tú tienes pensamiento propio
y criterio, y tú dudas,
y tienes empatía, y algunos miedos,
y esperanzas y mucha incertidumbre,
y humildad para errar.

DESEO DE VIVIR

Porque alguien contó historias
de pescadores en la playa,
cuando vuelven: la raya del amanecer
marcando, lívida, el límite del mar,
y asan sardinas frescas
en espetones, sobre la arena.
Lo imagino enseguida.
Y me coge un deseo de vivir *
y ver amanecer, acostándote tarde,
que no está en proporción con la edad que ya tengo.
J. GIL DE BIEDMA

A veces, cuando te veo,
me coge un deseo de abrazarte
que no está en proporción
con la edad que ya tengo.

Y me entra un deseo de vivir
circunstancias imposibles, palabras,
sueños, risas y estancias.

Y quiero ver amanecer,
la raya lívida marcando el fin de la noche,
la luz descubriendo los contornos del paisaje.

Y allí estarías tú,
y tu sombra y mi sombra abrazadas.
Sin nada que decir. Solo el viento.

MADRID ENS ROBA

Y, como las siete plagas de Egipto,
todo lo ocupan, lo llenan:
el espacio vacío
ahora es suyo de forma plena.
Suyos son los parques, las
avenidas, las aceras,
los coches y los bares.
Una banda de quechuas,
en tonos fosforitos, parpadea,
asombrados de campo,
enloquecidos de carretera:
tienen zapatillas y bastones,
pantalones, camisetas,
mucha prisa y poco tiempo,
hay que hacer, hacer, ser flechas,
caminar, beber, estar, sonreír,
para volver, con la mirada nueva.
Y desaparecen sin dejar rastro,
una cierta calma, acaso,
quizás una certeza como coda:
como a los catalanes,
es Madrid la que nos roba.

NOTTURNO DELLE STRADE
DI MADRID INSONNIA

Camino por Madrid
como si no nos hubiéramos ido,
como si nuestro exilio
fuera una cosa de días, semanas
de un viaje muchas veces aplazado.
Paseamos estas calles como si todavía
fueran nuestras, y no
la ciudad de tres millones de muertos,
según Dámaso, según las últimas estadísticas.
Por eso no extraño los nichos ni las aceras,
el caos, la colmena,
la locura de los precios y los barrios
transformados en centros comerciales,
las tiendas cerradas, el ocaso de la gente,
la ciudad viva aún, a pesar de todo,
la ausencia de alma en esta cadena de montaje.
Veo que son mis ojos
los de esta extrañeza mía, ausente, descuidada.
Y la ciudad vibra en la música de sus gentes.

MÁS ALLÁ

En perspectiva, olvidamos
que vivir es un trámite:
coincidimos, por azar, en el viaje
y, a veces, nos miramos sospechando,
no vaya a ser que nos roben
la maleta, la cartera o la vida.
Qué inquina la de habitar en el mundo
temeroso del otro,
enfadado, iracundo.
Solo hay que mirar con cierta distancia
y a lo lejos, más allá del dolor y de la rabia,
más allá del tan acá.

LA VEJEZ

La vejez llega de golpe.
Si lo pienso, se anuncia
levemente en achaques,
ciertos dolores sin explicación.
Si lo pienso más tarde.

La vejez llega de golpe,
es recomponerse otra
vez y con un cuerpo nuevo, mañana.
Volver a navegar las mismas aguas,
más viejo y más cansado,
con menos ganas de nadar.

Ahora pienso que esto
es el anuncio de una vejez
temprana, casi ilusoria.
Si lo pienso, es mentira
aquello de envejecer.

BRO

Son jóvenes y su lengua
es otra: ¿qué pasa, *bro*?
Hablan de *flow* y de *beef*,
sus noches se prolongan hasta el amanecer,
y hacen ruido y se detienen
y contemplan cualquier cosa
como nueva, como niños,
una vez y otra los mismos lugares,
como si descubrir la recurrencia
fuera posible. Y lo es.
Sus preguntas son serias,
y quieren esto, y lo otro,
y lo contrario y lo mismo a la vez.
Son todavía héroes
y no lo saben, *bro*. Juro que no.

EL FIN DEL VERANO

Los veranos acaban
con nostalgia de preso reincidente
y últimos días de libertad al acecho
de las últimas palabras, últimos abrazos.

Y todavía… Hay tiempo
para desbrozar los últimos días
y apurar la última bocanada
de libertad. Después
volverán la monotonía, el tedio,
el día a día que abruma
con su hermosura.

Los veranos no mueren.
Los mata el aburrimiento.
Mientras queden promesas,
sonrisas y recuerdos,
los veranos permanecen.

Los veranos no terminan
cuando todavía queda esperanza.

REENCUENTROS

A veces olvidamos
los placeres de volver a encontrarnos:
una conversación, algunas risas,
la música de fondo y las palabras
que avanzan tranquilamente.
Conviene no olvidarlo
porque coincidir no es fácil.

El azar se empeña en llevarnos por
el jardín de los senderos que se bifurcan.
Y reencontrarse no es poca cosa:
procura un placer cierto,
único y recurrente,
diferente y a la vez el mismo.
Por eso los retornos
son casi siempre hermosos.

LA CADENCIA DEL MAR

Si hubiera tiempo, el tiempo
podría ser un mar
y los días, las olas.
Si hubiera Dios, si hubiera,
Dios podría ser un mar
y sus gestos, las olas.
IDEA VILARIÑO

Tiene una cadencia el mar
de corazón en calma.
A su lado, uno imagina
naves negras frente a una ciudad amurallada.

De corazón en calma
es la cadencia del mar.
Y puedes ver, al fondo,
la historia que prefieras:
Tristán e Isolda en su torre,
relatos de náufragos y ahogados,
hallazgos maravillosos,
lo desconocido, al fondo.

El mar tiene una cadencia
de corazón en calma,
incluso alborotado.
Y una capacidad para el relato,
la imaginación, el sueño,
próxima al fuego, a la noche.
Porque alguien contará siempre historias en la arena.

IDUS DE JULIO

Julio: llegan las noches de verano,
el fresco que se alarga
y las conversaciones
hasta el infinito, el miedo
a la incertidumbre, las dudas, el
desasosiego de las tardes largas
y la espera, la infinita esperanza
que se resuelve sola.

Agosto y sus despedidas,
de frío al rostro y de noches más largas,
inexplicablemente.

El verano tiene también un ritmo
al que acoplarse, es como
despertar de otro modo,
a un mañana que no llega.

A lo lejos… Muy a lo lejos,
septiembre amenaza con su rutina,
nueva siempre, implacable.
Pero es un sueño inasible en noches como esta.

UN TREN EN KALAMBAKA

Hablas, ríes, conversas:
muestras tus hondas preocupaciones vitales,
aquello que te inquieta,
las alegrías, las penas,
algún recuerdo incluso dispara una sonrisa:
los éxitos, las victorias.
Pero olvidas muy pronto
y vuelve la mente
a los épicos fracasos,
las derrotas inolvidables, como
aquella vez en la que te arrojaron
de un tren en marcha, sería en Kalambaka.
Fue divertido, piensas.
Y hablas, ríes, conversas, pero escuchas
otras historias, ves otros fracasos,
y piensas: qué alegría de vivir en el mundo,
qué pena que esto se acabe,
como la vez en la que te arrojaron
de un tren en marcha, sería en Kalambaka.

HELENOFILIA

Hace ya muchos años
de esa noche en la playa en Santorini.
La iridiscencia en el cielo de estrellas,
el sonido del mar
clamando por memorias
ficticias, figuradas,
holladas en lecturas,
canciones, cuadros, fuego
de unos recuerdos falsos e inventados
(igual que todos, piensas después de tantos años).
Todavía arde la luz de la mañana,
las prisas por volver
a una vida real inexistente,
como un meteco desesperanzado,
porque son bárbaras todas las patrias
después de Grecia.

ANTI-HERÁCLITO

Es mi destino adverso, y me confundo:
si rescato el vivir, tendré sólo el morir.
FRANCISCO BRINES, *DONDE MUERE LA MUERTE*

Qué gozada la vida.
Ojalá volver al mismo abrazo
una, otra vez, mil veces.
Ojalá regresar siempre.
Ojalá volver, charlar sobre nada
y que el tiempo pase, amable.
Volver a ver atardecer de niño,
de hombre, de viejo.
Ojalá seguir diciendo:
¡Qué corto se me ha hecho el viaje!
Ojalá seguir gozando
todos los días en la vida
como si fuese el primero,
el del medio, el último

ULULATO

Ululato es una palabra hermosa
y también es extraña.
Es el ruido del cárabo
y el búho, entre otras aves rapaces estrigiformes.
Yo quería escribir
que un cárabo canta su ululato lastimero,
algo sobre el vacilar crepitante
de las estrellas esta noche,
sobre una canción de cuna, nostalgia
de cuerpos que se abrigan en el frío.

La precisión del lenguaje me abruma.

Y el ulular lo es todo.

Qué pobres las palabras
para describir un sonido mágico,
preverbal y absolutamente vivo.

LA PARTIDA

Conviene no olvidar,
porque a veces la vida te golpea
y te devuelve al punto de partida.

Conviene no olvidar,
porque a veces la vida te golpea,
te arranca de la partida
y se suceden las dudas,
los temores, las tristezas.

Conviene no olvidar
que esto no es para siempre,
para no perder nunca la sonrisa,
para disfrutar, incluso,
cuando se derraman lágrimas en el tablero.

Y conviene vivir,
como si cada día
fuera el último, el primero.

LA LUPA Y LAS HORMIGAS

Compramos la lupa para no sé qué proyecto del colegio. Y allí andaba yo, sintiéndome un detective de la época victoriana, persiguiendo hormigas y buscando huellas para desentrañar los crímenes del siglo: los de la calle Morgue, el del perro de los Baskerville, algún problema de Isidro Parodi. Poco sabía yo de las bifurcaciones de los senderos en el jardín. Ahora la lupa descansa, agostada, entre tijeras y agujas que enhebrar, conservando algo de su brillo primero, aunque inevitablemente cansada. Pero he visto que se utiliza para buscar rostros en las fotos que el tiempo ha descolorido y, sin pretenderlo, para hacerlas arder, gracias a la concentración de luz que todavía ejerce la lente, como a aquellas hormigas inocentes que corrían en la arena del parque.

INSTRUCCIONES PARA
SALVAR UNA ESCALERA

Cada cierto tiempo leo,
casi como si estuviera rezando,
las instrucciones para subir una escalera.
El dios de Cortázar es amable y divertido,
juguetón como un niño.
Y no está mal, para la edad que tengo,
salir a caminar pensando en la algarabía
de mis pies y mis zapatos,
cubiertos de cuero, de felpa.
No está mal abrazarse
a los hijos, como si
no hubiera nada más en la vida,
preocupándome de enlazar brazos
y manos tras sus cuerpos.
No está mal confiar en desconocidos,
ni ceder la amistad a todo el mundo,
como principio y medida de todas las cosas.
¿Quién sabe cuánto nos queda?
Y no está mal conservar la esperanza,
creer en el mundo del mañana
y en que todavía habrá buenas causas
por las que batirse el cobre,
como subir unas escaleras.
No está nada mal, me digo,
pero que nada mal,
para la edad que ya tengo,
no haberme vuelto un cínico
y descreído, de vuelta de todo.

TRES GATOS LANUDOS

¿Ves que la tarde es larga?
Podríamos descubrir figuras en las nubes:
un caballo, una mano que trepa
agarrada a los jirones
indomables de tres gatos lanudos.
Dibujamos como viene la noche
y nos pintamos las uñas.
Inventamos historias,
descubrimos el mundo
y soñamos despiertos.
Quiero escribir que se pasa la vida,
sin darnos cuenta.
Pero hoy eso no importa.

EL MUNDO TRAS TUS OJOS

No todo el mundo ve águilas tan cerca.
No todo el mundo tiene tanta suerte
como para ver sus alas, el cielo
azul brillando sobre las copas de los árboles.
Es verdad. Y no todo el mundo mira
el vuelo suspendido
en un instante.
Y tú, mientras dices esto, sonríes.

Y yo solo veo el mundo en tus ojos.

NO SÉ POR QUÉ LA LLUVIA

No sé por qué la lluvia
tiene esa capacidad
para despertar el asombro, la nostalgia
de otras, viejas tormentas,
la verdad tras el abismo
de la nube derramándose en tierra mojada.

No sé por qué la lluvia
hace divagar las mentes
al tableteo incesante
de los tejados de barro,
metálicos o acrílicos.

No sé por qué la lluvia
hace temblar los cuerpos,
como con memoria ajena,
al roce del agua fría, incesante.

Será, tal vez, un recuerdo inventado,
una ilusión forjada:
¿el miedo a la enfermedad y la muerte?

No sé por qué la lluvia...
Pero me encanta.

LA NIEVE ES HERMOSA

Y la nieve es hermosa
y terrible, con su blanco perfecto,
su calma desesperada
en medio de la ventisca,
o con el lento florecer de los copos
en su descenso danzante.
Y la nieve es hermosa,
con la necesidad de hollar caminos
estrechos, almidonados,
seguir sendas pisadas
en el hielo, las ramas
y los árboles derribados en las cunetas,
los copos que vibran como fugaces estrellas,
y las huellas se atemperan,
la nieve que cubre la nieve
y en ella desaparece.
Y la nieve es hermosa,
y lo sabemos todos,
es evidente. Una de esas verdades
blancas y brillantes, iridiscentes,
como el sol que destella en la ladera
al fondo, entre nieve y piedra,
entre árboles y nubes, escritura
perfecta de la geografía y la belleza.

VENDRÁ LA PRIMAVERA

CLAUDIO RODRÍGUEZ, *CASI UNA LEYENDA*

Un día de estos
saldrá el sol y vendrá la primavera.
Florecerán los campos
y se afanarán en sus labores las abejas.
Un día de estos
se irán las nubes y la lluvia lenta,
darán días azules
y sol de la infancia en los telediarios.
Vendrá la primavera,
otra vez, de costumbre,
y brillarán las verdes alamedas.
Rotunda, blanca, verde:
vendrá la primavera.

AYER FUE MIÉRCOLES

Hoy es lunes. Ayer fue miércoles
y empezaba el mes de agosto.
La vida es una sucesión de días iguales
hasta que viene un hito,
quiebra la monotonía
y es sábado de nuevo.
Los jueves tienen aroma de melancolía
y los domingos de fin, de derrota:
acaba la semana como acaba la vida.
Hoy es lunes. Y mañana será martes,
si vienes a buscarme.
Pero nunca… No, nunca, nunca es tarde.

SONREÍDME

Sonreídme, que voy
a donde estáis vosotros los de siempre
MIGUEL HERNÁNDEZ, SONREÍDME

Sonreídme, que huyo de esta locura
de algunas melodías insensatas,
de la perversa necesidad insatisfecha,
del querer más y de quererlo pronto,
del bolsillo vacío
y el cuchillo entre los dientes.

Sonreídme, que regreso
con los míos, los de siempre,
los que dicen con el corazón en la mano
verdades a la cara,
mirándote a los ojos.

Sonreídme, por el verso
de gotas jacobinas
que ilumina un segundo
la noche, antes de desaparecer para siempre.

Sonreídme, que vuelvo
agotado del mundo y sus quebrantos,
de las oportunidades perdidas
y de la codicia, de la ignorancia,
de las veces en que nos engañaron.

Sonreídme, aunque sea entre despojos,
cuando ya no quede nada.

ALONDRA DE MI CASA

Alondra de mi casa,
ríete mucho.
Es tu risa en los ojos
la luz del mundo.
MIGUEL HERNÁNDEZ

Y tú pasas corriendo,
rápidamente,
y mi corazón
relampaguea.

¡Guapa! La luz del mundo,
todo lo inventas
en un juego de viento
y arena fina.

Le haces trampas al tiempo
y una hora son varios días,
pero los meses pasan,
incesantes, y así pasa la vida.

Pero tú no oyes nada,
si no despierta
tu sonrisa. Duérmete, niña.

Apuremos abrazos,
canciones, juegos,
adivinanzas y letanías,

risas, carreras, charcos,
bailes y melodías.

¡Guapa! La luz del mundo,
todo lo inventas
en un juego de viento
y arena fina.

Y mi corazón
relampaguea.
Y tú pasas corriendo,
la luz del mundo
en un juego de viento
y arena fina.

Y ya te me pareces
a la palabra
melancolía.

ENVEJECER TIENE SU GRACIA

Envejecer tiene su gracia.
Es igual que de joven
aprender a bailar, plegarse a un ritmo
más insistente que nuestra experiencia.
Y procura también cierto instintivo
placer curioso,
una segunda naturaleza.
J. GIL DE BIEDMA, *ANTES DE SER MADURO*

Envejecer tiene su gracia.
De pronto, hay cosas que dejan
de tener importancia,
como si se supiera
que quedan atrás indefectiblemente.
Envejecer tiene su gracia,
porque cualquier recuerdo
te devuelve la infancia,
la adolescencia, la juventud tierna,
puedes hablar, aburrir a cualquiera
y quedar con la conciencia tranquila.
Envejecer tiene su gracia.
Y es terrorífico, Jaime,
aprender a bailar
olvidando los pasos,
recuperando la torpeza primera.
Envejecer tiene su gracia.
Y luego queda el goce,
la broma, la sonrisa,

la vida sin importancia.
Qué bello es, a pesar
de que todo se acaba.

LAS LANDAS

Oh, alma mía, no aspires a la vida inmortal,
pero agota toda la extensión de lo posible.
PÍNDARO

Aquí no hay bosque bajo.
Las acículas del pino marítimo
conviven con robles, sauces y acebos,
alisos y abedules.
Acículas perennes
son enterradas en hoja caduca.
Acículas en la hierba, en las aceras.
Acículas en la arena.
De pronto, el mar se encuentra con el bosque,
las olas se mezclan con el viento en los árboles,
que agitan sus copas con la cadencia del agua.
Todo parece lento
y se navega en aire
de luces y sonidos:
el mar, las olas, el viento,
la vegetación rotunda. Acículas
y robles, pinos marítimos.

EL AZAR

Un coup de dés jamais n'abolira le hasard
STÉPHANE MALLARMÉ

He traído en las botas
algo de arena, barros
que no son de esta tierra.
Me pregunto qué azar
mueve así las cosas.
Qué hace que estas arenas
de playa, traídas del otro lado del mundo,
acaben hoy aquí.
Cuál será su final.
No será este, y no puedo,
ni por azar,
imaginarlo.

EPPUR SI MUOVE:
A PROPÓSITO DE GALILEO

Imagina que la lengua
tuviera un efecto performativo
en la realidad,
que las cosas que decimos
(viento, frío, iridiscente)
devinieran verdad,
no una impresión, no un pálido reflejo.
Entonces, imagina
palabras dulces, lluvia
que adormece, que calma
incluso en la tempestad y las llamas.

Todavía entonces habría quien
elegiría el odio,
la mentira y la soberbia.
Todavía habría quien emponzoñaría
el aire con su bilis,
su verborrea vacía
y su mirada sucia.

Y, sin embargo, la tierra gira, gira y gira,
y seguirá girando.
Ya lo dijo Galileo
cuando le pusieron a los pies de los caballos.

Silencio. Porque después del poema,
los ojos tardan en hacerse tras la penumbra
de una vida soñada por otro.

ÍNDICE